General Knowledge

BARDFIELD PRESS

First published in 2005 by Bardfield Press

Bardfield Press is an imprint of
Miles Kelly Publishing Ltd
Bardfield Centre, Great Bardfield,
Essex, CM7 4SL

Copyright © Miles Kelly Publishing Ltd 2005

All rights reserved. No part of this publication may be reproduced, stored in a retrieval system, or transmitted by any means, electronic, mechanical, photocopying, recording, or otherwise, without the prior permission of the copyright holder.

British Library Cataloguing-in-Publication Data. A catalogue record for this book is available from the British Library

ISBN 1-84236-546-0

2 4 6 8 10 9 7 5 3 1

Editorial Director: Belinda Gallagher

Project Manager: Lisa Clayden

Editorial Assistant: Amanda Askew

Production Manager: Estela Boulton

Design: Mackerel Ltd

Picture Research: Liberty Newton

Questions: Brian Williams

Cartoons: Mark Davis

Contact us by email:
info@mileskelly.net

Visit us on the web:
www.mileskelly.net

Printed in China

How to use this book

Your book is split into 28 quizzes, each containing ten multiple-choice questions. There are six subject categories for you to choose from. Simply write your answers in pencil in the answer panel. Turn to page 32 to check your answers. Rub out your answers and try again! You can chart your progress by using the score sheet at the back of the book.

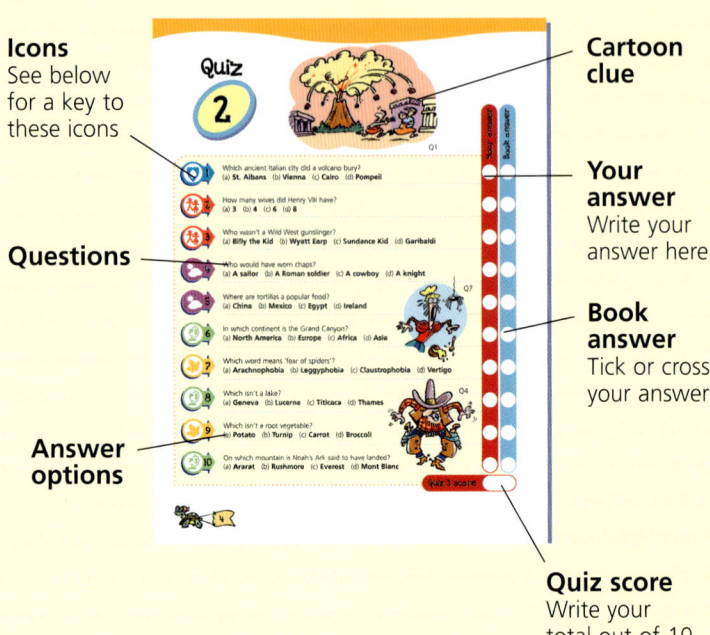

Icons See below for a key to these icons

Questions

Answer options

Cartoon clue

Your answer Write your answer here

Book answer Tick or cross your answer

Quiz score Write your total out of 10

Key to subject icons

 Geography

 History

 Science

 Everyday life

 People

 Nature

Quiz 1

Q4

 1. In which continent is Nigeria?
(a) **Africa**   (b) **Asia**   (c) **Europe**   (d) **South America**

 2. What was the name of the Trojans' city?
(a) **Troy**   (b) **Trojana**   (c) **Athens**   (d) **Rome**

Q3

 3. Which is the highest mountain in Britain?
(a) **Ben Nevis**   (b) **Snowdon**   (c) **Scafell Pike**   (d) **Mow Cop**

 4. What kind of craft was the Graf Zeppelin?
(a) **Airship**   (b) **Ocean Liner**   (c) **Steam Train**   (d) **Raft**

 5. What is the old name for Ethiopia?
(a) **Greece**   (b) **Cathay**   (c) **Van Diemen's Land**   (d) **Abyssinia**

 6. Which is a volcano?
(a) **Bedford**   (b) **Gretna**   (c) **Etna**   (d) **Victoria**

 7. In which religion is Mecca a holy city?
(a) **Islam**   (b) **Christianity**   (c) **Buddhism**   (d) **Hinduism**

 8. Who or what was a caliph?
(a) **A Greek city**   (b) **An ancient gun**   (c) **A Muslim ruler**
(d) **A mythical dragon**

Q8

 9. For which trees was Lebanon once famous?
(a) **Oaks**   (b) **Cedars**   (c) **Pears**   (d) **Palm**

 10. In which country is Normandy?
(a) **Belgium**   (b) **Britain**   (c) **Holland**   (d) **France**

Quiz 1 score

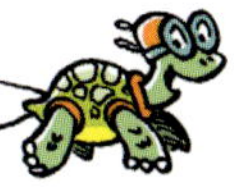

Quiz 2

Q1

 **1** Which ancient Italian city did a volcano bury?
(a) **St. Albans** (b) **Vienna** (c) **Cairo** (d) **Pompeii**

 **2** How many wives did Henry VIII have?
(a) **3** (b) **4** (c) **6** (d) **8**

 **3** Who wasn't a Wild West gunslinger?
(a) **Billy the Kid** (b) **Wyatt Earp** (c) **Sundance Kid** (d) **Garibaldi**

 **4** Who would have worn chaps?
(a) **A sailor** (b) **A Roman soldier** (c) **A cowboy** (d) **A knight**

 **5** Where are tortillas a popular food?
(a) **China** (b) **Mexico** (c) **Egypt** (d) **Ireland**

Q7

 **6** In which continent is the Grand Canyon?
(a) **North America** (b) **Europe** (c) **Africa** (d) **Asia**

 **7** Which word means 'fear of spiders'?
(a) **Arachnophobia** (b) **Leggyphobia** (c) **Claustrophobia** (d) **Vertigo**

 **8** Which isn't a lake?
(a) **Geneva** (b) **Lucerne** (c) **Titicaca** (d) **Thames**

Q4

 **9** Which isn't a root vegetable?
(a) **Potato** (b) **Turnip** (c) **Carrot** (d) **Broccoli**

 **10** On which mountain is Noah's Ark said to have landed?
(a) **Ararat** (b) **Rushmore** (c) **Everest** (d) **Mont Blanc**

Quiz 2 score

Quiz 3

Q6

 **1** Where are dwarf trees, or bonsai, grown?
(a) **Japan**   (b) **Sweden**   (c) **USA**   (d) **Argentina**

 **2** The Nile is Africa's longest… what?
(a) **Road**   (b) **River**   (c) **Snake**   (d) **Lake**

 **3** Which country was ruled by Stalin?
(a) **China**   (b) **Germany**   (c) **Ireland**   (d) **Russia**

Q4

 **4** How many reigning British queens have been called Elizabeth?
(a) **1**   (b) **2**   (c) **3**   (d) **4**

 **5** How many players make up a rugby union team?
(a) **11**   (b) **14**   (c) **15**   (d) **22**

 **6** Who lost the Battle of Bosworth?
(a) **Robin Hood**   (b) **Harold II**   (c) **Charles I**   (d) **Richard III**

 **7** In which country are the Mountains of Mourne?
(a) **Scotland**   (b) **Spain**   (c) **France**   (d) **Ireland**

Q9

 **8** Who 'singed the King of Spain's beard' in Tudor times?
(a) **Drake**   (b) **Shakespeare**   (c) **Howard**   (d) **Marlowe**

 **9** Who was the Norse god of thunder?
(a) **Osiris**   (b) **Baal**   (c) **Thor**   (d) **Mercury**

 **10** In which country is the Alhambra?
(a) **Spain**   (b) **Morocco**   (c) **Mexico**   (d) **Russia**

Quiz 3 score

Quiz 4

Q9

 **1** Who might use a particle accelerator?
(a) **Atom scientist** (b) **Cyclist** (c) **Astronaut** (d) **Chef**

 **2** Which city is known as the Big Apple?
(a) **Nice** (b) **Naples** (c) **Northampton** (d) **New York**

 **3** In which book does Long John Silver appear?
(a) *Treasure Island* (b) *Kidnapped* (c) *Moby Dick* (d) *The Lord of the Rings*

 **4** Which of these isn't a make of car?
(a) **Renault** (b) **Ford** (c) **Boeing** (d) **Volvo**

Q3

 **5** What's a French castle called?
(a) **Manor** (b) **Chateau** (c) **Dungeon** (d) **Auberge**

 **6** Which of these was a poet?
(a) **Tennyson** (b) **Livingstone** (c) **Newton** (d) **Edison**

 **7** What score is 'double top' in darts?
(a) **40** (b) **60** (c) **100** (d) **180**

 **8** Which of these is an area of flat land?
(a) **Cavern** (b) **Grotto** (c) **Plateau** (d) **Fiord**

 **9** What kind of animal is an aye-aye?
(a) **Mammal** (b) **Bird** (c) **Fish** (d) **Reptile**

Q1

 **10** Where did Kublai Khan rule?
(a) **China** (b) **South Africa** (c) **India** (d) **Iraq**

Quiz 4 score

Quiz 5

Q2

 1. What do the initials 'UN' stand for?
(a) **Unified Nations** (b) **United Nations** (c) **Union of Nations**
(d) **Unfriendly Nations**

 2. What's the correct spelling for a 'shadow-outline'?
(a) **Silhouette** (b) **Sillooet** (c) **Sillyet** (d) **Silyuette**

 3. Fill in the next number: 4, 8, 16, 32…?
(a) **48** (b) **50** (c) **64** (d) **130**

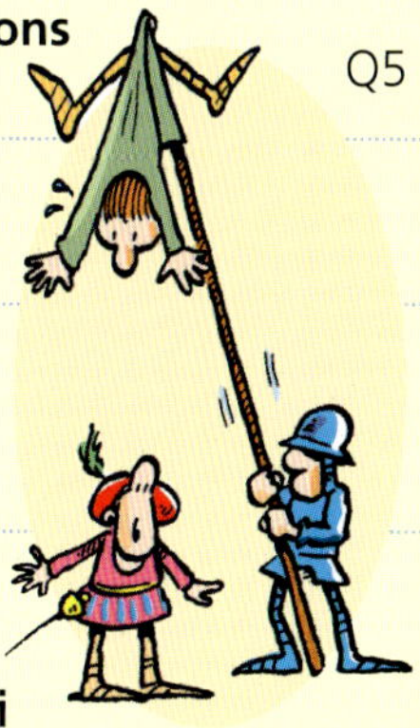

Q5

 4. What's the capital of the USA?
(a) **New York** (b) **Washington** (c) **Los Angeles** (d) **Miami**

 5. Which of these wasn't a sword?
(a) **Sabre** (b) **Cutlass** (c) **Scimitar** (d) **Pike**

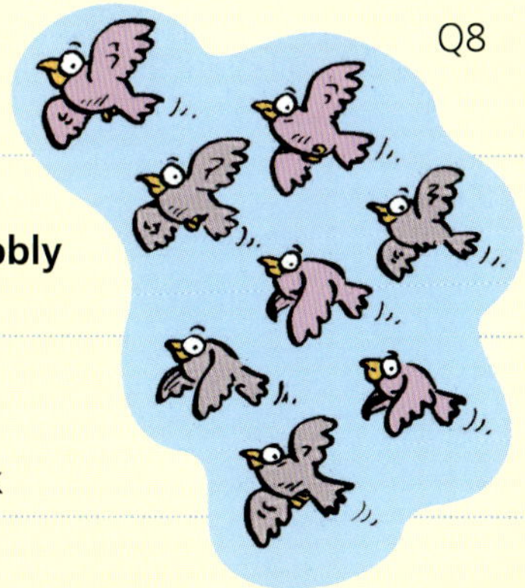

Q8

 6. What is Harry Potter's friend's name?
(a) **Ron Weasley** (b) **Rex Woosley** (c) **Ray Wobbly**
(d) **Richard Webberly**

 7. Who wasn't a composer of music?
(a) **Mozart** (b) **Brahms** (c) **Chopin** (d) **Bismark**

 8. 'Birds of a feather' do what…?
(a) **Flock together** (b) **Fly together** (c) **Defy the weather**
(d) **Roost on the same tree**

 9. Subtract 256 from 439:
(a) **325** (b) **183** (c) **695** (d) **172**

 10. In which city are the boroughs of Hackney and Islington?
(a) **Manchester** (b) **Birmingham** (c) **London** (d) **Edinburgh**

Quiz 5 score

Quiz 6

Q5

1. 'A faint heart never won…' what?
   (a) **Fair lady** (b) **A battle** (c) **The race** (d) **Fat stomach**

2. Which of these wasn't a sailor?
   (a) **Frobisher** (b) **Wellington** (c) **Jellicoe** (d) **Chichester**

Q9

3. Which 'rock' is close to Spain?
   (a) **Gibraltar** (b) **Montserrat** (c) **Ascension Island** (d) **Japan**

4. What did Samuel Pepys write?
   (a) **A cookery book** (b) **A diary** (c) **A thriller** (d) **An encyclopedia**

5. Complete the proverb: 'a fool and his money…':
   (a) **Are soon parted** (b) **Never go far** (c) **Have a good time**
   (d) **Are good mates**

6. Name Shakespeare's *Merchant of Venice*:
   (a) **Sherlock** (b) **Diplock** (c) **Necklock** (d) **Shylock**

7. Who was the first Tudor monarch?
   (a) **Richard III** (b) **Henry VIII** (c) **Henry VII** (d) **Elizabeth I**

8. What is double 5500?
   (a) **10,000** (b) **10,500** (c) **11,000** (d) **55,000**

9. Who might have ridden a penny-farthing?
   (a) **A Victorian** (b) **A Tudor** (c) **A Roman** (d) **A Viking**

10. Who built the Antonine Wall in Scotland? Q4
    (a) **Picts** (b) **Jacobites** (c) **Celts** (d) **Romans**

Quiz 6 score

Quiz 7

Q4

 **1** What is the Roman number 5?
(a) **X**   (b) **I**   (c) **0**   (d) **V**

 **2** Which Briton won two gold medals at the 2004 Athens Olympics?
(a) **Mathew Pinsent**   (b) **Kelly Holmes**   (c) **Amir Khan**   (d) **Paula Radcliffe**

 **3** Who was King Arthur's wife?
(a) **Merlin**   (b) **Guinevere**   (c) **Morgana**   (d) **Lancelot**

 **4** Which sport takes place at Henley-on-Thames?
(a) **Rowing**   (b) **Skiing**   (c) **Fishing**   (d) **Swan-racing**

 **5** What was scary about the mythical Hydra?
(a) **It had 9 heads**   (b) **It had 50 legs**   (c) **It lived in fire**
(d) **It was invisible**

Q5

 **6** Spell the drink made from apples:
(a) **Cidah**   (b) **Cider**   (c) **Sider**   (d) **Syder**

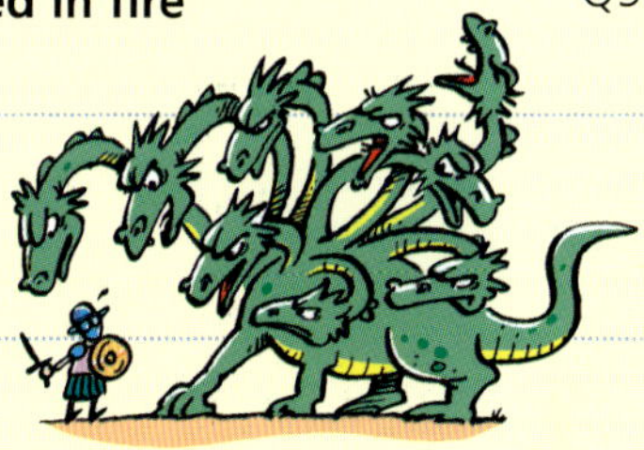

 **7** Who was the hero of the film *Braveheart*?
(a) **William Wallace**   (b) **Rob Roy**   (c) **Ben Hur**   (d) **Tarzan**

 **8** Which insect carries the disease malaria?
(a) **Ant**   (b) **Grasshopper**   (c) **Butterfly**   (d) **Mosquito**

Q8

 **9** What has 'ultrasonics' got to do with?
(a) **Sound**   (b) **Water**   (c) **Light**   (d) **X-rays**

 **10** In which country do people speak Mandarin?
(a) **Japan**   (b) **India**   (c) **China**   (d) **Australia**

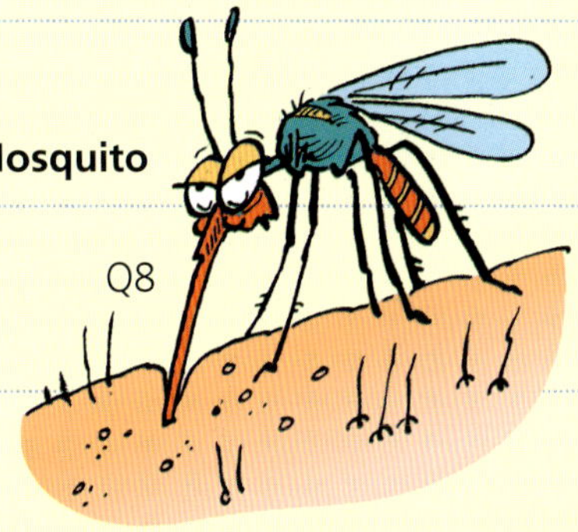

Quiz 7 score

Quiz

Q6

Your answer
Book answer

1. Which of these isn't a metal?
(a) **Tin** (b) **Copper** (c) **Hydrogen** (d) **Gold**

2. What is a sperm whale's favourite food?
(a) **Squid** (b) **Penguin** (c) **Plankton** (d) **Seaweed**

3. What kind of craft might be delta-winged?
(a) **Racing car** (b) **Hydrofoil** (c) **Aeroplane** (d) **Submarine**

Q3

4. Who led the 1381 Peasant's Revolt?
(a) **Jack the Ripper** (b) **Little John** (c) **Wat Tyler** (d) **Robert the Bruce**

5. Who sailed to find the Golden Fleece?
(a) **Joshua** (b) **Jeremiah** (c) **Jonah** (d) **Jason**

6. Who rode a horse called Black Bess?
(a) **Frankie Dettori** (b) **Dick Turpin** (c) **Spiderman**
(d) **Blackbeard the Pirate**

7. Add (4 x 3) and (3 x 6):
(a) **16** (b) **21** (c) **30** (d) **4336**

8. What do geologists study?
(a) **Games** (b) **Rocks** (c) **Horses** (d) **Stars**

Q9

9. What nationality was the painter Picasso?
(a) **Greek** (b) **Spanish** (c) **German** (d) **American**

10. Where are a grasshopper's ears?
(a) **Mouth** (b) **Bottom** (c) **Legs** (d) **Wings**

Quiz 8 score

Quiz 9

Q7

 1. What is 39 ÷ 3?
(a) **13**   (b) **42**   (c) **12**   (d) **9**

 2. Who is the archer-elf in *The Lord of the Rings*?
(a) **Gimli**   (b) **Gollum**   (c) **Bilbo**   (d) **Legolas**

 3. Which of these is a popular TV series?
(a) **Enemies**   (b) **Friends**   (c) **Rivals**   (d) **Chums**

Q2

 4. In which city is the district called Montmartre?
(a) **London**   (b) **Edinburgh**   (c) **Paris**   (d) **New York**

 5. What kind of animal is a hammerhead?
(a) **Beetle**   (b) **Woodpecker**   (c) **Shark**   (d) **Dog**

 6. Who shot an apple off his son's head?
(a) **William Tell**   (b) **Superman**   (c) **Robin Hood**   (d) **Kit Corson**

 7. Which trees have conkers?
(a) **Horse chestnut**   (b) **Ash**   (c) **Sycamore**   (d) **Oak**

Q5

 8. In which country is Natal?
(a) **France**   (b) **Canada**   (c) **USA**   (d) **South Africa**

 9. What do we call a mixture of rain and snow?
(a) **Sleet**   (b) **Fog**   (c) **Drizzle**   (d) **Blizzard**

 10. Which country was once ruled by the shah?
(a) **Germany**   (b) **China**   (c) **Iran**   (d) **Russia**

Quiz 9 score

Quiz 10

Q3

 1. Who wrote *Oliver Twist*?
(a) **Charles Dickens** (b) **Lionel Bart** (c) **Victor Hugo** (d) **Tim Rice**

 2. If someone is 'pallid', they are… what?
(a) **Dead** (b) **Very ill** (c) **Pale** (d) **Mean**

 3. Which of these animals is not spotted?
(a) **Leopard** (b) **Dalmatian** (c) **Ocelot** (d) **Tiger**

 4. Which isn't a beetle?
(a) **Ladybird** (b) **Scarab** (c) **Devil's coach horse** (d) **Earwig**

Q6

 5. Which of these pretends to be someone else?
(a) **Rebel** (b) **Imposter** (c) **Tyrant** (d) **Crook**

 6. Who is the literary wizard?
(a) **Hawkeye** (b) **Gandalf** (c) **Godolphin** (d) **Hemlock**

 7. A kind of grey rock that splits easily:
(a) **Gold** (b) **Slate** (c) **Granite** (d) **Marble**

 8. A game with numbers on a card:
(a) **Bash** (b) **Barge** (c) **Bulge** (d) **Bingo**

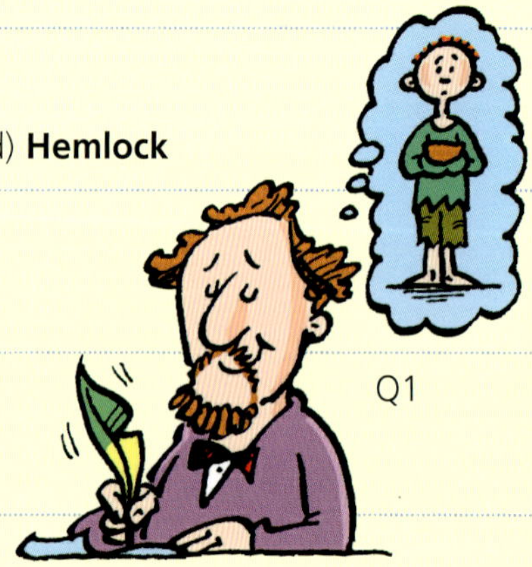

Q1

 9. Which of these was a famous Greek scientist?
(a) **Bacon** (b) **Aristotle** (c) **Brutus** (d) **Robespierre**

 10. Which might be found on a ship?
(a) **Binnacle** (b) **Pinnacle** (c) **Cranium** (d) **Spiracle**

Quiz 10 score

Quiz 11

Q7

| | Your answer | Book answer |

1 Which Greek hero rode a winged horse?
(a) **Achilles** (b) **Perseus** (c) **Hercules** (d) **Alexander**

2 Spell the ancient fish:
(a) **Coelacanth** (b) **Sealacan** (c) **Sellocanth** (d) **Ceelyocamp**

3 What's another word for 'a woven picture'?
(a) **Pastry** (b) **Fretwork** (c) **Mosaic** (d) **Tapestry**

4 Spell the flower:
(a) **Dahlia** (b) **Daylia** (c) **Dayleeya** (d) **Daelia**

5 Which king burnt the cakes?
(a) **Canute** (b) **Alfred** (c) **Henry** (d) **Richard**

Q2

6 Who built the steamship *Great Eastern*?
(a) **Watt** (b) **Raleigh** (c) **Gladstone** (d) **Brunel**

7 A red sky at night is… what?
(a) **A remarkable sight** (b) **A fireman's fright** (c) **Seldom**
(d) **A shepherd's delight**

8 What is nearest to 1/3 as a decimal quantity?
(a) **0.33** (b) **0.25** (c) **0.50** (d) **0.75**

9 What's the masculine for 'sow'?
(a) **Boar** (b) **Ram** (c) **Stag** (d) **Bull**

10 After which Roman god is March named?
(a) **Mercury** (b) **Mars** (c) **Jupiter** (d) **Apollo**

Quiz 11 score

Quiz 12

 1. Which naval ship is the biggest?
(a) **Aircraft carrier** (b) **Destroyer** (c) **Submarine** (d) **Frigate**

 2. Which is wrongly spelt?
(a) **Favourite** (b) **Comical** (c) **Tradgedy** (d) **Opposite**

 3. Which shape has 12 faces?
(a) **Dodecahedron** (b) **Pentagon** (c) **Octagon** (d) **Triangle**

 4. What's over the fireplace?
(a) **Mantelpiece** (b) **Gutter** (c) **Coving** (d) **Floorboard**

 5. What's the capital of Hungary?
(a) **Belgrade** (b) **Vienna** (c) **Budapest** (d) **Berlin**

 6. How many legs has a tarantula?
(a) **4** (b) **6** (c) **8** (d) **10**

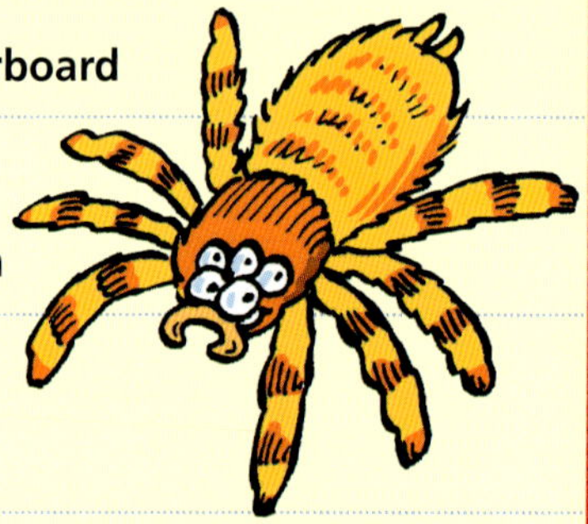

 7. What is 12 x 12?
(a) **100** (b) **96** (c) **144** (d) **248**

 8. Which country was ruled by Mussolini in the 1930s?
(a) **France** (b) **Italy** (c) **USA** (d) **Germany**

 9. Another name for a wildebeest is... what?
(a) **Gnu** (b) **Giraffe** (c) **Hyena** (d) **Griffin**

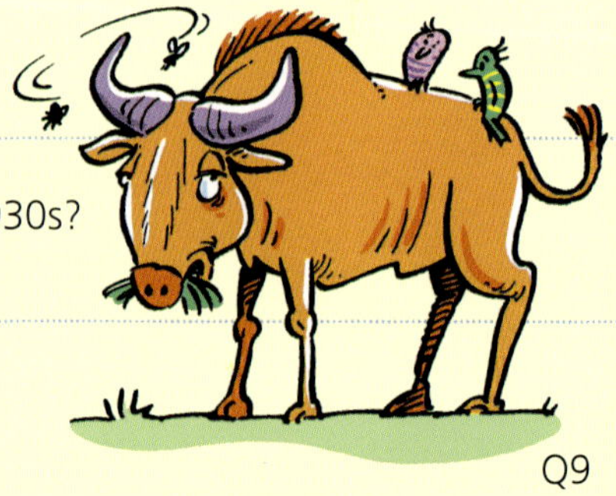

 10. What is the Red Ensign?
(a) **A country** (b) **A flag** (c) **A badge** (d) **A secret society**

Quiz 12 score

Quiz 13

Q9

		Your answer	Book answer

 **1** Which item of clothing is named after a lordly general?
(a) **Cardigan** (b) **T-shirt** (c) **Vest** (d) **Jumper**

 **2** What colour is the River Danube, according to a tune? Q1
(a) **Red** (b) **Green** (c) **Golden** (d) **Blue**

 **3** Where is the Black Forest?
(a) **Canada** (b) **Russia** (c) **Scotland** (d) **Germany**

 **4** What is America's Purple Heart?
(a) **A medal** (b) **A flower** (c) **A song** (d) **A state**

 **5** Which isn't a flower?
(a) **Hollyhock** (b) **Foxglove** (c) **Buttercup** (d) **Daisywheel**

 **6** What colour is the United Nations flag?
(a) **Green** (b) **Red** (c) **Black** (d) **Blue**

 **7** Spell a kind of crash:
(a) **Collusion** (b) **Collision** (c) **Collition** (d) **Collyshun**

Q8

 **8** What kind of weapon was a flintlock?
(a) **Bow** (b) **Spear** (c) **Sword** (d) **Gun**

 **9** Spell the prehistoric animal correctly:
(a) **Triceratops** (b) **Trycherryops** (c) **Treeserrytops** (d) **Triseritops**

 **10** Who were the supporters of Bonnie Prince Charlie?
(a) **Jacobins** (b) **Levellers** (c) **Jacobites** (d) **Scallywags**

Quiz 13 score

Quiz 14

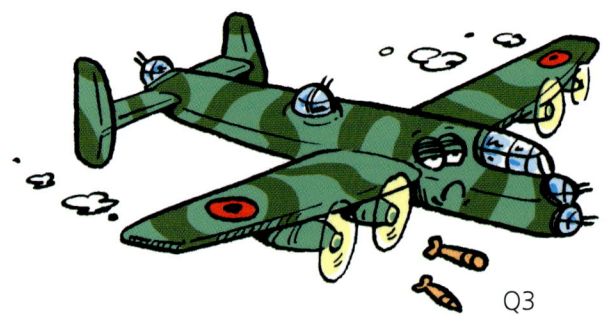

Q3

Your answer | Book answer

1 Spell the musical instrument:
(a) **Saxafone** (b) **Sacksafone** (c) **Saxophone** (d) **Sachsaphone**

2 What word means 'dried up'?
(a) **Dessicated** (b) **Masticated** (c) **Elasticated** (d) **Serrated**

3 What kind of machine was the Lancaster?
(a) **WWII bomber** (b) **Steamship** (c) **1880s car** (d) **Space satellite**

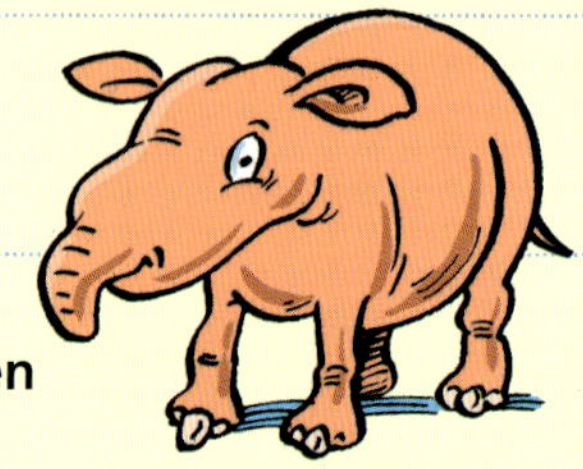

Q6

4 How many 70s in 350?
(a) **3** (b) **5** (c) **6** (d) **9**

5 Spell the capital of Denmark, in English:
(a) **Koppenhaken** (b) **Cooponhargon** (c) **Copenhagen**
(d) **Kopenhaagen**

6 What's the south American relative of the hippopotamus?
(a) **Jaguar** (b) **Rhea** (c) **Tapir** (d) **Anteater**

7 What is the square root of 100?
(a) **10** (b) **1000** (c) **150** (d) **110**

8 Which was a sea battle?
(a) **Hastings** (b) **Jutland** (c) **Alamein** (d) **Stalingrad**

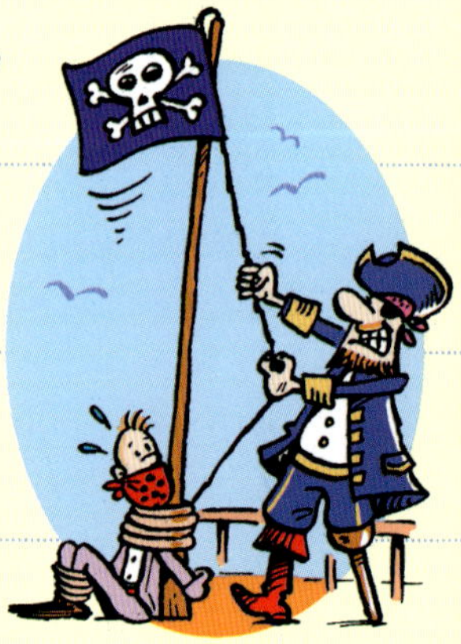

Q9

9 Who flew the Jolly Roger flag?
(a) **Vikings** (b) **Pirates** (c) **Smugglers** (d) **Explorers**

10 Which of these was not a British Prime Minister?
(a) **Lloyd George** (b) **Thatcher** (c) **Butler** (d) **Major**

Quiz 14 score

Quiz 15

Q2

 **1** How do you spell the south American animal?
(a) **Llama** (b) **Lama** (c) **Liama** (d) **Lammah**

 **2** Which is a kind of sea creature?
(a) **Chive** (b) **Clam** (c) **Collie** (d) **Clamp**

 **3** A collection of documents is a… what?
(a) **Manuscript** (b) **Album** (c) **Parcel** (d) **Dossier**

 **4** Which country did William of Orange come from?
(a) **Spain** (b) **Holland** (c) **Ireland** (d) **Iceland**

 **5** What is 9 x 9?
(a) **101** (b) **81** (c) **79** (d) **63**

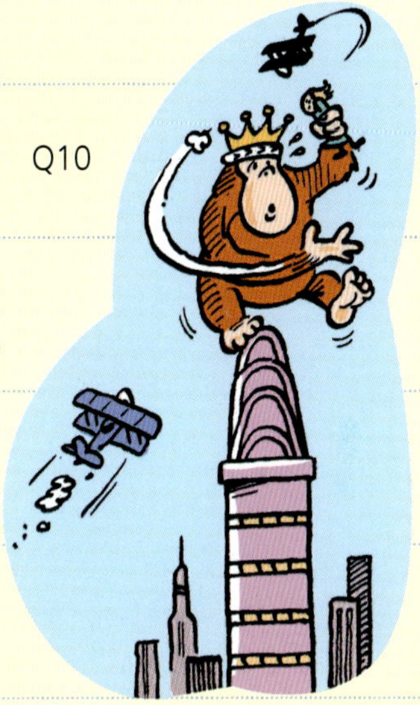

Q10

 **6** What's the penultimate letter of the alphabet?
(a) **A** (b) **P** (c) **Z** (d) **Y**

 **7** The Latin name for human beings is… what?
(a) **Homo modernus** (b) **Homo sapiens** (c) **Neanderthal**
(d) **Ramapithecus**

 **8** When did World War II begin?
(a) **1939** (b) **1918** (c) **1945** (d) **1968**

Q1

 **9** A country in West Africa:
(a) **Argentina** (b) **Nigeria** (c) **Sri Lanka** (d) **Tasmania**

 **10** Famous film starring a giant ape:
(a) **Batman** (b) **It** (c) **Alien** (d) **King Kong**

Quiz 15 score

Quiz 16

Q5

 **1** Which is a kind of mineral?
(a) **Soap** (b) **Cheese** (c) **Talc** (d) **Wood**

 **2** How many sides has a quadrilateral?
(a) **1** (b) **2** (c) **3** (d) **4**

Q7

 **3** Molten rock from inside a volcano is called… what?
(a) **Magnolia** (b) **Magnet** (c) **Magma** (d) **Magnesium**

 **4** A kind of deer:
(a) **Elk** (b) **Ermine** (c) **Eel** (d) **Eider**

 **5** Who invented a machine called the Spinning Jenny?
(a) **Stephenson** (b) **Einstein** (c) **Hargreaves** (d) **Pitt**

Q4

 **6** Which word means 'to do with the sea'?
(a) **Astral** (b) **Marine** (c) **Stellar** (d) **Globular**

 **7** A car with a hinged, sloping back:
(a) **Halftrack** (b) **Hatchback** (c) **Saloon** (d) **Sports car**

 **8** Language spoken by Jewish people:
(a) **Gujarati** (b) **Gaelic** (c) **Breton** (d) **Hebrew**

 **9** How deep can a whale dive?
(a) **About 10 m** (b) **About 100 m** (c) **About 1000 m** (d) **About 10,000 m**

 **10** In which city is the Empire State Building?
(a) **Paris** (b) **Berlin** (c) **London** (d) **New York**

Your answer | Book answer

Quiz 16 score

Quiz 17

Q4

 1. A general whose nickname was 'Ike':
(a) **Eisenhower** (b) **Montgomery** (c) **Wellington** (d) **Marlborough**

 2. Which US naval base was attacked in 1941?
(a) **Gold Bay** (b) **Emerald Isle** (c) **Pearl Harbor** (d) **Silver Beach**

 3. Green cloth used on snooker tables:
(a) **Quilting** (b) **Worsted** (c) **Baize** (d) **Gingham**

 4. Which sea animal has curving tusks?
(a) **Turtle** (b) **Penguin** (c) **Dolphin** (d) **Walrus**

Q7

 5. What kind of living thing is a bristlecone?
(a) **Tree** (b) **Snake** (c) **Mollusc** (d) **Insect**

 6. Melamine, vinyl and polyethylene are all…what?
(a) **Foods** (b) **Stars** (c) **Metals** (d) **Plastics**

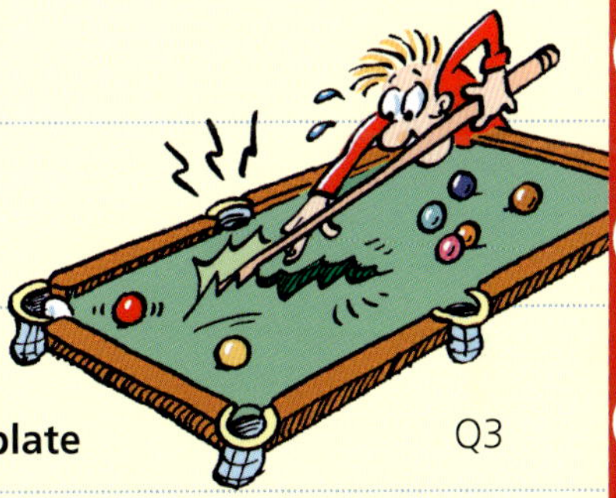

 7. What a knight carried on one arm:
(a) **Gauntlet** (b) **Helm** (c) **Shield** (d) **Breastplate**

Q3

 8. Where on a plane are its ailerons?
(a) **Wings** (b) **Tail** (c) **Nose** (d) **Undercarriage**

 9. Making fresh water from salt is called… what?
(a) **Mineralisation** (b) **Desalination** (c) **Dehydration** (d) **Vaccination**

10. Crabeater, leopard and grey are all kinds of which animal?
(a) **Whale** (b) **Seal** (c) **Gull** (d) **Cat**

Quiz 17 score

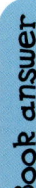

Quiz 18

Q4

 **1** What's the capital of Norway?
(a) **Helsinki** (b) **Monaco** (c) **Oslo** (d) **Berlin**

 **2** Which of these languages is not spoken in India?
(a) **Hindi** (b) **Bengali** (c) **Urdu** (d) **Javanese**

 **3** Reagan, Nixon and Clinton were all American… what?
(a) **Film stars** (b) **Pop bands** (c) **Presidents** (d) **Baseball stars**

 **4** The home of an otter:
(a) **Lair** (b) **Nest** (c) **Eyrie** (d) **Holt**

 **5** In which ocean are the Solomon Islands?
(a) **Pacific** (b) **Indian** (c) **Atlantic** (d) **Arctic**

 **6** How many years is a silver wedding anniversary?
(a) **10** (b) **15** (c) **25** (d) **50**

 **7** Who was the first Roman emperor?
(a) **Julius Caesar** (b) **Mark Antony** (c) **Nero** (d) **Augustus**

 **8** Who was the first European to see the Pacific Ocean?
(a) **Balboa** (b) **Columbus** (c) **Drake** (d) **Cook**

Q7

 **9** The grub of an insect is its… what?
(a) **Lava** (b) **Guava** (c) **Cuticle** (d) **Larva**

 **10** Which is the largest of these islands?
(a) **Wight** (b) **Greenland** (c) **Madagascar** (d) **Ireland**

Q9

Quiz 18 score

Quiz 19

Q1

Q4

Q9

| | | Your answer | Book answer |

1 Which of these animals is the fastest runner?
(a) **Lion**   (b) **Zebra**   (c) **Rabbit**   (d) **Cheetah**

2 In which mountains is the country of Andorra?
(a) **Himalayas**   (b) **Alps**   (c) **Andes**   (d) **Pyrenees**

3 How many years are in a millennium?
(a) **10**   (b) **100**   (c) **1000**   (d) **10,000**

4 An animal known for its sting in the tail:
(a) **Skunk**   (b) **Spider**   (c) **Scorpion**   (d) **Wombat**

5 What is K2, a landmark in Asia?
(a) **A road**   (b) **A mountain**   (c) **A river**   (d) **A tower**

6 Which is not a snake?
(a) **Viper**   (b) **Anaconda**   (c) **Boa**   (d) **Cayman**

7 Which is not true of light?
(a) **Makes a shadow**   (b) **Travels in straight lines**
(c) **Passes through wood**   (d) **Travels very fast**

8 Who never ruled Russia?
(a) **Ivan**   (b) **Catherine**   (c) **Basil**   (d) **Louis**

9 Which country's capital is Wellington?
(a) **Australia**   (b) **New Zealand**   (c) **Zambia**   (d) **South Africa**

10 What kind of animals are Friesians?
(a) **Cattle**   (b) **Pigs**   (c) **Sheep**   (d) **Cats**

Quiz 19 score

21

Quiz 20

Q1

1 Which countries fought the Punic Wars?
(a) **Rome v. Carthage** (b) **Greeks v. Persians** (c) **Celts v. Romans**
(d) **English v. Scots**

2 When are nocturnal animals most lively?
(a) **Winter** (b) **Night** (c) **Day** (d) **Rainy days**

3 In which country are Dusseldorf and Frankfurt?
(a) **Germany** (b) **France** (c) **Italy** (d) **Sweden**

4 What colour is the cross on Finland's flag?
(a) **Green** (b) **Blue** (c) **Red** (d) **White**

5 Who is the patron saint of Ireland?
(a) **David** (b) **Denis** (c) **George** (d) **Patrick**

6 What's the nut of an oak tree?
(a) **Cob nut** (b) **Acorn** (c) **Catkin** (d) **Chestnut**

Q10

7 Which is not a lake?
(a) **Amazon** (b) **Huron** (c) **Superior** (d) **Victoria**

8 What do we call the envelope of gas around the Earth?
(a) **Crust** (b) **Space** (c) **Universe** (d) **Atmosphere**

9 Where were the ancient Hanging Gardens?
(a) **Olympia** (b) **Ephesus** (c) **Rhodes** (d) **Babylon**

Q4

10 The remains of an animal preserved in rock are called… what?
(a) **Relic** (b) **Fossil** (c) **Grave** (d) **Embryo**

Your answer | Book answer

Quiz 20 score

Quiz 21

Q5

 **1** Who was not a US president?
(a) **Lincoln** (b) **Nottingham** (c) **Hoover** (d) **Clinton**

 **2** Runner, haricot and French are all varieties of which vegetable?
(a) **Carrots** (b) **Potatoes** (c) **Peas** (d) **Beans**

 **3** Where do black swans come from originally?
(a) **Africa** (b) **China** (c) **India** (d) **Australia**

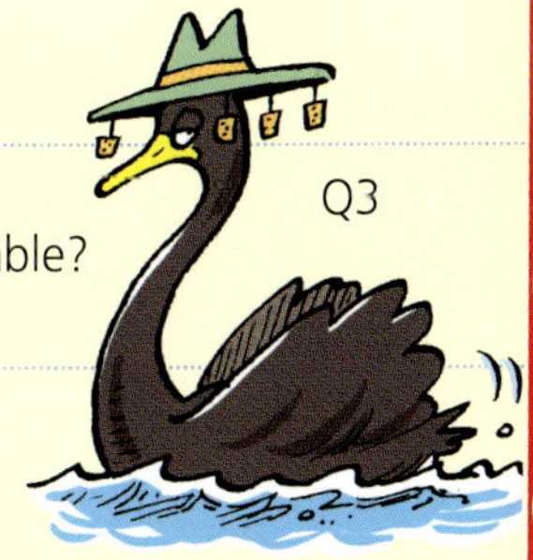

Q3

 **4** The maple leaf is the symbol of which country?
(a) **Canada** (b) **New Zealand** (c) **Italy** (d) **Pakistan**

 **5** Who might experience 7gs?
(a) **Rock singer** (b) **Climber** (c) **Astronaut** (d) **Miner**

 **6** Which country has the biggest population?
(a) **India** (b) **USA** (c) **China** (d) **Russia**

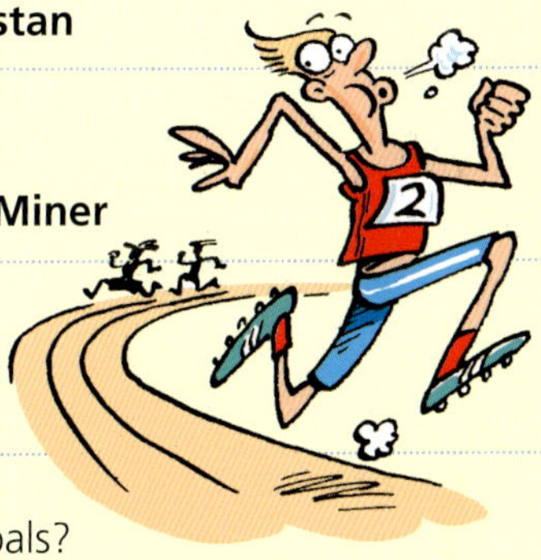

 **7** At which soccer match does the crowd see most goals?
(a) **4–4** (b) **6–3** (c) **3–7** (d) **7–2**

Q8

 **8** How many laps does a 5000 m runner complete on the track?
(a) **4** (b) **12** (c) **20** (d) **30**

 **9** What kind of animal was the extinct Mastodon?
(a) **Elephant** (b) **Bear** (c) **Dinosaur** (d) **Whale**

 **10** Which word describes the brightness of a star?
(a) **Magnetism** (b) **Boldness** (c) **Magnitude** (d) **Shinyness**

Quiz 21 score

Quiz 22

Q7

 **1.** Spell the composer:
(a) **Mostart** (b) **Mozart** (c) **Motsart** (d) **Motson**

 **2.** What's the square root of 121?
(a) **11** (b) **10** (c) **9** (d) **12**

Q5

 **3.** Spell the capital of China:
(a) **Baking** (b) **Beijing** (c) **Berlin** (d) **Benin**

 **4.** Which word means 'a scented ball'?
(a) **Pomander** (b) **Pergola** (c) **Pomegranate** (d) **Colander**

 **5.** Where might you find an 'apse'?
(a) **Zoo** (b) **Supermarket** (c) **Church** (d) **Submarine**

 **6.** Who might have 'green fingers'?
(a) **An alien** (b) **A chef** (c) **A cricketer** (d) **A gardener**

 **7.** Unjumble the letters to make an animal:
(a) **TOAG** (b) **IHARC** (c) **ENP** (d) **KOOB**

 **8.** What colour is azure?
(a) **Green** (b) **Blue** (c) **Black** (d) **Red**

Q6

 **9.** Roughly how high is Mount Everest?
(a) **1000 m** (b) **3000 m** (c) **5000 m** (d) **8000 m**

 **10.** Which word means 'very pleased'?
(a) **Dismayed** (b) **Dejected** (c) **Despondent** (d) **Delighted**

Quiz 22 score

Quiz 23

Q10

 1. Which is not something to eat?
(a) **Risotto** (b) **Chowder** (c) **Biryani** (d) **Detergent**

 2. What's the collective name for a lot of bees?
(a) **Nest** (b) **Brood** (c) **Swarm** (d) **Gathering**

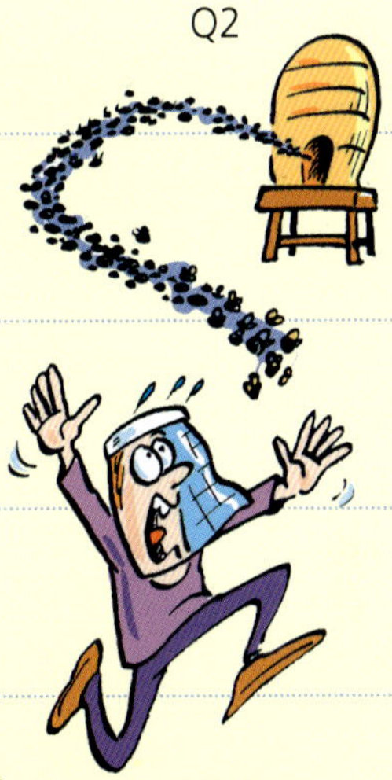

Q2

 3. In what language is 'she' elle?
(a) **French** (b) **German** (c) **Italian** (d) **Spanish**

 4. Which is not a female?
(a) **Empress** (b) **Princess** (c) **Sultan** (d) **Duchess**

 5. Who wrote *Pride and Prejudice*?
(a) **Charles Dickens** (b) **Jane Austen** (c) **George Eliot**
(d) **Rudyard Kipling**

 6. How many thirds in 9 wholes?
(a) **20** (b) **18** (c) **27** (d) **36**

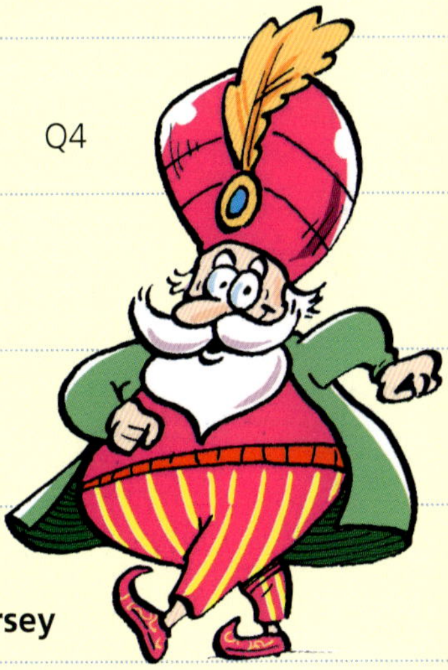

Q4

 7. What is 10 to 4 in the morning on a 24-hour clock?
(a) **03.50** (b) **04.10** (c) **15.50** (d) **4.45**

 8. Who was Queen Victoria's husband?
(a) **Algernon** (b) **Albert** (c) **Alfred** (d) **Aloysius**

 9. Which of these is not a river?
(a) **Shannon** (b) **Clyde** (c) **Windermere** (d) **Mersey**

 10. Which dog is German?
(a) **Chow** (b) **Saluki** (c) **Poodle** (d) **Dachshund**

Quiz 23 score

Quiz 24

Q2

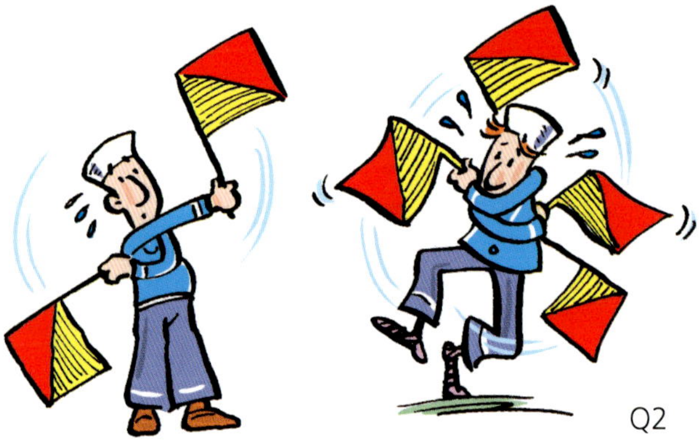

1 Which is a tool for making holes?
(a) **Punch** (b) **Pincers** (c) **Vice** (d) **Plane**

2 What would you do with semaphore?
(a) **Eat it** (b) **Send messages** (c) **Wear it** (d) **Bury it**

3 How many letters are there in the alphabet?
(a) **15** (b) **22** (c) **24** (d) **26**

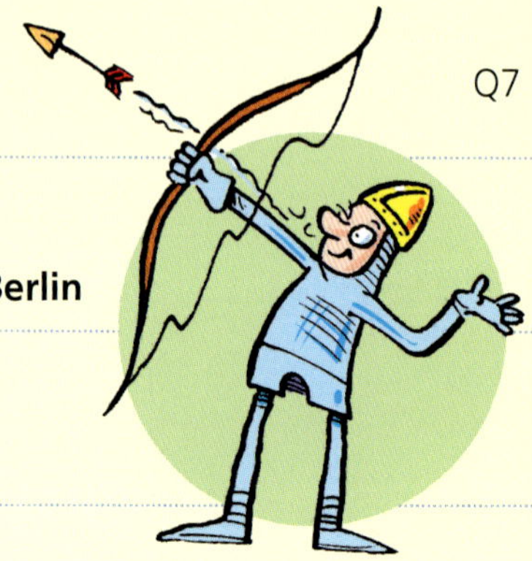

Q7

4 Which city goes with sprouts (the vegetable)?
(a) **Bruges** (b) **Birmingham** (c) **Brussels** (d) **Berlin**

5 Which food is German in origin?
(a) **Burger** (b) **Pizza** (c) **Curry** (d) **Sushi**

6 To which family do crabs belong?
(a) **Crustaceans** (b) **Amphibians** (c) **Bacteria** (d) **Dinosaurs**

7 Which of these would fire a bow and arrow?
(a) **Lurcher** (b) **Archer** (c) **Halberdier** (d) **Fletcher**

8 What would a cook use to separate the lumps from flour?
(a) **Sieve** (b) **Skillet** (c) **Slice** (d) **Spatula**

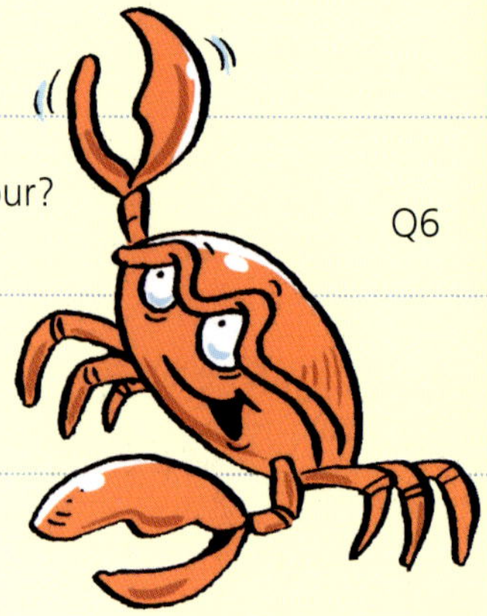

Q6

9 Which is a dangerous chemical insecticide?
(a) **MOT** (b) **TNT** (c) **DDT** (d) **SST**

10 In which city are the UN Headquarters?
(a) **Moscow** (b) **Paris** (c) **London** (d) **New York**

Quiz 24 score

Quiz 25

 **1** Which is not a conifer tree?
(a) **Larch**   (b) **Spruce**   (c) **Pine**   (d) **Oak**

 **2** How many states are there in the USA?
(a) **35**   (b) **40**   (c) **48**   (d) **50**

 **3** Which of these is a Hindu festival?
(a) **Diwali**   (b) **Ramadan**   (c) **Purim**   (d) **Easter**

 **4** Which animal has a fleece?
(a) **Wolf**   (b) **Sheep**   (c) **Stoat**   (d) **Horse**

 **5** What's the opposite of mortal?
(a) **Unmortal**   (b) **Infinite**   (c) **Immortal**   (d) **Dead**

 **6** Which king won the battle of Agincourt?
(a) **Louis XII**   (b) **Henry I**   (c) **Henry V**   (d) **John**

 **7** What's the capital of Australia?
(a) **Darwin**   (b) **Sydney**   (c) **Melbourne**   (d) **Canberra**

 **8** Which explorer reached the South Pole in 1911?
(a) **Livingstone**   (b) **Peary**   (c) **Amundsen**   (d) **Franklin**

 **9** An international cricket or rugby match is called a… what?
(a) **Trial**   (b) **Test**   (c) **Challenge**   (d) **Showdown**

 **10** Which puppet character has a wife named Judy?
(a) **Pinocchio**   (b) **Punch**   (c) **Sooty**   (d) **Brains**

Quiz 25 score

Quiz 26

Q9

 **1** Who wrote *The Jungle Book*?
(a) **Tarzan** (b) **Kipling** (c) **Scott** (d) **Fleming**

 **2** Which painter went off to live in the south seas?
(a) **Gauguin** (b) **Constable** (c) **Michelangelo** (d) **Picasso**

Q10

 **3** Which Derbyshire town is famous for its tarts?
(a) **Sandwich** (b) **Bakewell** (c) **Melton Mowbray** (d) **Eccles**

 **4** Which is a variety of apple?
(a) **Bramley** (b) **Jaffa** (c) **Cos** (d) **King Edward**

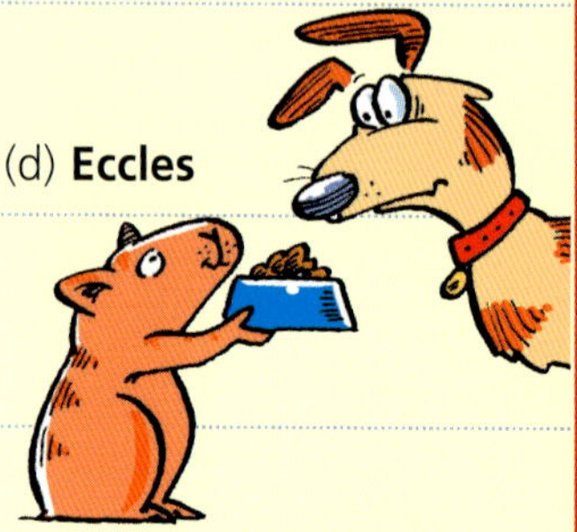

 **5** Style of music made popular by Bob Marley:
(a) **Country and western** (b) **Reggae** (c) **Bebop** (d) **Swing**

 **6** Which animal was the first ever astronaut?
(a) **A monkey** (b) **A cat** (c) **A frog** (d) **A dog**

 **7** What's the longest river in South America?
(a) **Volga** (b) **Amazon** (c) **Congo** (d) **Rio Grande**

 **8** On which date were the D-Day landings in 1944?
(a) **25 December** (b) **8 August** (c) **1 May** (d) **6 June**

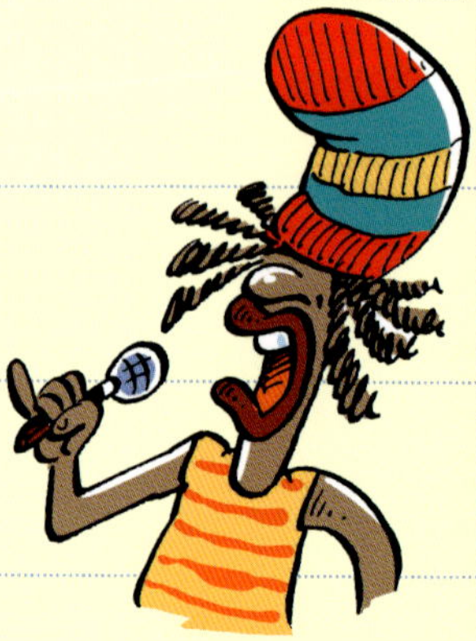

 **9** Which bird has the longest tail feathers?
(a) **Bird of Paradise** (b) **Eagle** (c) **Albatross** (d) **Macaw**

Q5

 **10** Which is not a member of the dog family?
(a) **Coyote** (b) **Dingo** (c) **Jackal** (d) **Wombat**

Quiz 26 score

Quiz 27

Q4

 1. Which motorway links the English Midlands to the West Country?
(a) **M5** (b) **M2** (c) **M8** (d) **M25**

 2. Spell the bubbly French drink:
(a) **Shampane** (b) **Champagne** (c) **Shampayne** (d) **Champain**

Q7

 3. Who was the Saxon who fought the Normans?
(a) **Cnut** (b) **Hereward** (c) **William Wallace** (d) **Boudicca**

 4. Which is a large heavy water snake?
(a) **Cobra** (b) **Anaconda** (c) **Manatee** (d) **Rattlesnake**

 5. Which name describes someone or something very large?
(a) **Goliath** (b) **Prima donna** (c) **Supremo** (d) **Maestro**

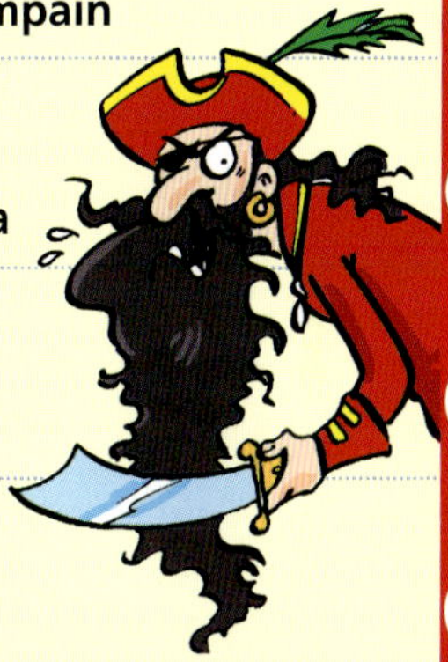

 6. Which was worn on the head? Q6
(a) **Breeches** (b) **Bonnet** (c) **Doublet** (d) **Waistcoat**

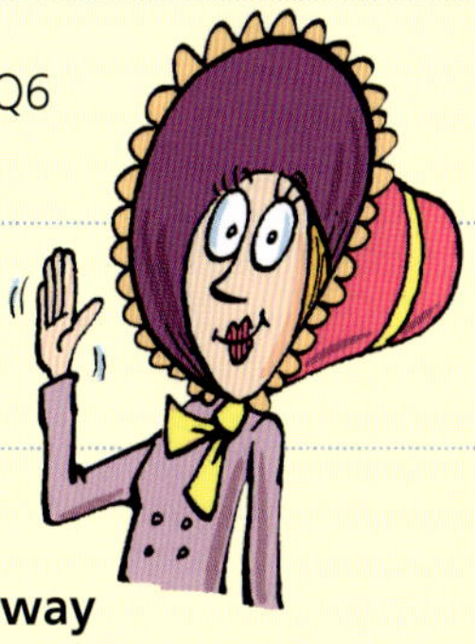

 7. Who was the notorious pirate?
(a) **Blackbeard** (b) **Bluebeard** (c) **Rednose** (d) **Bigears**

 8. Spell the south American country:
(a) **Youragguay** (b) **Urugooay** (c) **Uruguay** (d) **Oooergway**

 9. How many categories are there in the Dewey Decimal System?
(a) **2** (b) **5** (c) **10** (d) **20**

 10. What's the name of the latest and biggest 'Queen' cruise liner?
(a) **Queen Elizabeth 2** (b) **Queen Victoria** (c) **Queen Mother**
(d) **Queen Mary 2**

Quiz 27 score

Quiz 28

 **1** Which was never part of the British Empire, though in the Commonwealth now?
(a) **Canada** (b) **Sri Lanka** (c) **Jamaica** (d) **Mozambique**

 **2** Which is not a musical instrument?
(a) **Oboe** (b) **Hobo** (c) **Bassoon** (d) **Recorder**

 **3** Who invaded Britain in AD43?
(a) **Celts** (b) **Romans** (c) **Saxons** (d) **Normans**

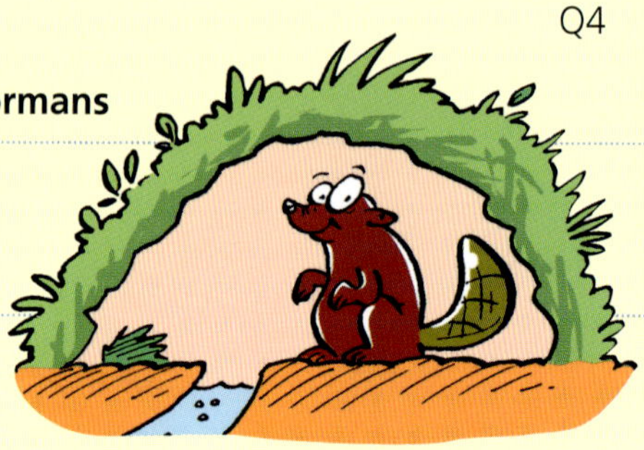

Q4

 **4** Which animal lives in a lodge?
(a) **Beaver** (b) **Otter** (c) **Fox** (d) **Bear**

 **5** What is the currency in Ireland?
(a) **Punt** (b) **Euro** (c) **Dollar** (d) **Mark**

 **6** In which city does the Scottish Parliament meet?
(a) **Perth** (b) **Glasgow** (c) **St Andrews** (d) **Edinburgh**

 **7** In what year did Queen Victoria die?
(a) **1901** (b) **1837** (c) **1926** (d) **1939**

Q10

 **8** Who was not Prime Minister in wartime Britain (1939–45)?
(a) **Eden** (b) **Chamberlain** (c) **Churchill** (d) **Attlee**

 **9** Which bird is being reintroduced to England?
(a) **Marabou stork** (b) **Great bustard** (c) **Vulture** (d) **Secretary bird**

 **10** What was a medieval basinet?
(a) **Knight's helmet** (b) **Monk's washing up bowl** (c) **Castle toilet**
(d) **Guitar**

Quiz 28 score

Chart Your Scores

	1	2	3	4	5	6	7	8	9	10
Quiz 1										
Quiz 2										
Quiz 3										
Quiz 4										
Quiz 5										
Quiz 6										
Quiz 7										
Quiz 8										
Quiz 9										
Quiz 10										
Quiz 11										
Quiz 12										
Quiz 13										
Quiz 14										
Quiz 15										
Quiz 16										
Quiz 17										
Quiz 18										
Quiz 19										
Quiz 20										
Quiz 21										
Quiz 22										
Quiz 23										
Quiz 24										
Quiz 25										
Quiz 26										
Quiz 27										
Quiz 28										

Answers

Quiz 1
1a, 2a, 3a, 4a, 5d, 6c, 7a, 8c, 9b, 10d

Quiz 2
1d, 2c, 3d, 4c, 5b, 6a, 7a, 8d, 9d, 10a

Quiz 3
1a, 2b, 3d, 4b, 5c, 6d, 7d, 8a, 9c, 10a

Quiz 4
1a, 2d, 3a, 4c, 5b, 6a, 7a, 8c, 9a, 10a

Quiz 5
1b, 2a, 3c, 4b, 5d, 6a, 7d, 8a, 9b, 10c

Quiz 6
1a, 2b, 3a, 4b, 5a, 6d, 7c, 8c, 9a, 10d

Quiz 7
1d, 2b, 3b, 4a, 5a, 6b, 7a, 8d, 9a, 10c

Quiz 8
1c, 2a, 3c, 4c, 5d, 6b, 7c, 8b, 9b, 10c

Quiz 9
1a, 2d, 3b, 4c, 5c, 6a, 7a, 8d, 9a, 10c

Quiz 10
1a, 2c, 3d, 4d, 5b, 6b, 7b, 8d, 9b, 10a

Quiz 11
1c, 2a, 3d, 4a, 5b, 6d, 7d, 8a, 9a, 10b

Quiz 12
1a, 2c, 3a, 4a, 5c, 6c, 7c, 8b, 9a, 10b

Quiz 13
1a, 2d, 3a, 4a, 5d, 6d, 7b, 8d, 9a, 10c

Quiz 14
1c, 2a, 3a, 4b, 5c, 6c, 7a, 8b, 9b, 10c

Quiz 15
1a, 2b, 3d, 4b, 5b, 6d, 7b, 8a, 9b, 10d

Quiz 16
1c, 2d, 3c, 4a, 5c, 6b, 7b, 8d, 9c, 10d

Quiz 17
1a, 2c, 3c, 4d, 5a, 6d, 7c, 8a, 9b, 10b

Quiz 18
1c, 2d, 3c, 4d, 5a, 6c, 7d, 8a, 9d, 10b

Quiz 19
1d, 2d, 3c, 4c, 5b, 6d, 7c, 8d, 9b, 10a

Quiz 20
1a, 2b, 3a, 4b, 5d, 6b, 7a, 8d, 9d, 10b

Quiz 21
1b, 2d, 3d, 4a, 5c, 6c, 7c, 8b, 9a, 10c

Quiz 22
1b, 2a, 3b, 4a, 5c, 6d, 7a, 8b, 9d, 10d

Quiz 23
1d, 2c, 3a, 4c, 5b, 6c, 7a, 8b, 9c, 10d

Quiz 24
1a, 2b, 3d, 4c, 5a, 6a, 7b, 8a, 9c, 10d

Quiz 25
1d, 2d, 3a, 4b, 5c, 6c, 7d, 8c, 9b, 10b

Quiz 26
1b, 2a, 3b, 4a, 5b, 6d, 7b, 8d, 9a, 10d

Quiz 27
1a, 2b, 3b, 4b, 5a, 6b, 7a, 8c, 9c, 10d

Quiz 28
1a, 2b, 3b, 4a, 5b, 6d, 7a, 8a, 9b, 10a